EL **CARÁCTER** DEL CRISTIANO

TIM CHALLIES

El carácter del cristiano

"Traducido con permiso del libro The Character of The Christian © Tim Challies 2017 publicado por Crusiform Press, Minneapolis, Minesota."

Traducción al Español: Sandra Orejuela
Editor General: Rudy Ordoñez Canelas
Primera lectura de prueba: Juan Sebastián Rojas
Segunda lectura de prueba: Andrés David Valencia
Ilustraciones: J. David Ramos Cardona

Agradecemos la ayuda brindada por Diego y Nedelka Medina, como también a *Tim Challies en Español* por hacer posible la traducción y publicación de este libro.

Primera impresión 2021 en Colombia

ISBN Impreso: 978-958-49-2246-5

Monte Alto Editorial
www.montealtoeditorial.com/

ACERCA DEL AUTOR

Tim Challies es uno de los blogueros cristianos más leídos en los Estados Unidos y cuyo Blog (challies.com) ha publicado contenido de sana doctrina por mas de 6000 días consecutivos.

Tim es esposo de Aileen, padre de tres niños. Es pastor de Grace Fellowship Church en Toronto, Ontario, y cofundador de Cruciform Press.

Índice

INTRODUCCIÓN

Extraordinariamente Ordinario

Todo cristiano verdadero quiere crecer en madurez espiritual. Todos queremos ponernos el nuevo yo y despojarnos del viejo, desechando los patrones de pecado y reemplazándolos con patrones de santidad. En última instancia, queremos llegar a ser como Cristo, pensar cómo Él pensaba y comportarnos como Él se comportaba. Hacemos bien en aspirar al más alto nivel de santidad y piedad.

La Biblia presenta un grupo de personas que deben servir como modelos de madurez cristiana: los ancianos (a veces llamados pastores u obispos). Los ancianos están calificados para su cargo principalmente con base en su carácter. Mientras que la Biblia proporciona una cualidad relacionada con la habilidad, todas las demás cualidades están relacionadas con el carácter. Sin embargo, si bien estas virtudes se exigen a los ancianos, no son exclusivamente de ellos.

D. A. Carson ha señalado que la lista de cualidades para los ancianos es "extraordinaria por ser ordinaria".[1] ¿Por qué? Porque estas virtudes se repiten a lo largo de la Biblia como cualidades que deben caracterizar a todos los creyentes. Carson dice: "Las cualidades mencionadas son exigidas a todos los cristianos en todas partes. Lo cual es otra forma de decir que los ancianos son primeramente ejemplos de las virtudes cristianas, que se presuponen como mandato para todos los creyentes." Cada iglesia debe estar llena de hombres y mujeres que muestren estas virtudes.

Hay una aplicación importante para todo cristiano: si quieres crecer en santidad, una gran manera de empezar es conociendo e imitando las cualidades que distinguen a los ancianos. Ese es exactamente el propósito de este libro. Examinar el carácter de un cristiano profundizando en las cualidades que acreditan a los ancianos. Espero responder a preguntas como estas: ¿De qué manera se superponen las cualidades de un anciano y el

1 D.A. Carson, https://www.youtube.com/watch?v=mwA6_zDm2d8

llamado de todos los cristianos? En la práctica, ¿cómo se ven estas cualidades en la vida del creyente? ¿Cómo puedo saber si estoy mostrando estas cualidades? ¿Y cómo puedo orar por ellas en mi propia vida?

A medida que avancemos, consideraremos cómo estimularnos mutuamente para hacer buenas obras, creciendo en la semejanza a Cristo y abundando en el amor. Espero que continúes con un espíritu de oración mientras aprendemos juntos a ejemplificar las más altas virtudes cristianas. Aquí hay un adelanto del terreno que vamos a cubrir:

- Irreprochable
- Un hombre de una sola mujer (o una mujer de un solo hombre)
- Disciplinado
- Hospitalario
- Amable
- Moderado
- Generoso
- Líderes de familia
- Madurez y humildad
- Respetado por los de afuera[2]

2 Hay tres textos primarios que discuten las virtudes de un anciano: 1 Timoteo 3:2-7, Tito 1:6-9, y 1 Pedro 5:1-3. Cada uno de ellos se superpone a los otros, pero cada uno tiene elementos únicos. Llegamos a la comprensión más completa de las virtudes de los ancianos cuando mantenemos los tres juntos. Para el desglose de las cualidades del carácter, he seguido el patrón que Thabiti Anyabwile usa en Encontrar Ancianos y Diáconos Fieles.

CÓMO USAR ESTE LIBRO

Hay muchas maneras de usar este libro, y eres libre de usarlo como mejor se ajuste a tus necesidades. Te recomiendo leerlo a un ritmo lento, permitiendo que cada capítulo te impulse a un mayor auto-examen y a la oración. Al final de cada capítulo, vas a encontrar preguntas de auto-reflexión y modelos de oraciones pidiendo a Dios que te conceda las virtudes que hemos mencionado. Creo que estas virtudes tendrán un valor duradero como las palabras que las preceden.

CAPÍTULO 1

Irreprochable

El propósito de este libro es explorar cómo las características de los ancianos son en realidad el llamado de Dios a todos los cristianos. Mientras que los ancianos están destinados a ejemplificar estas virtudes, todos los cristianos deben seguir su ejemplo demostrándolas. Quiero que consideremos si realmente mostramos estas virtudes y aprendamos juntos cómo podemos orar para tenerlas en mayor medida.

Empezamos con la característica "irreprochable" (que también se traduce como "irreprensible"). La encontramos en 1 Timoteo 3:2 ("Un obispo debe ser, pues, irreprochable") y dos veces en Tito 1:6-7. Lo que sea que signifique estar en una posición irreprochable, claramente no sólo se espera de los líderes de la iglesia. Pablo enseña que la gran esperanza y consuelo de todo Cristiano es que Dios mismo un día nos presentará "santos, sin mancha e irreprensibles delante de Él." (Colosenses 1:22). Un estilo de vida irreprochable es para cada Cristiano. John MacArthur señala que la razón por la que esta característica es necesaria a nivel pastoral es porque los pastores deben ser el ejemplo que los demás sigan. Y si ser irreprochable "es parte de ese ejemplo, entonces piensa ¿que se requiere de ti? La misma virtud".[3]

¿Qué significa ser "irreprochable"? El término griego denota una especie de inocencia a los ojos de la ley. Indica un estilo de vida contra el cual nadie puede hacer ninguna acusación legítima. Otros pueden presentar acusaciones, pero tu conducta intachable acabará por absolverte. Tu vida es tan consistente que tu comportamiento es un ejemplo para otros, tu reputación exige honor, y tu práctica adorna el evangelio al coincidir con lo que predicas.

Naturalmente, antes de que podamos vivir irreprochablemente, debemos saber exactamente qué implica "ser irreprochable". En su libro *Liderazgo Bíblico de Ancianos*, Alexander Strauch explica: "Lo que se quiere dar a entender con el término

3 John MacArthur, The Call to Lead the Church—Elders, parte 2.

"irreprochable", está definido por las cualidades del carácter que siguen al término."[4] Así, ser "irreprochable" se expresa a través de esas cualidades descritas en 1 Timoteo 3, Tito 1 y 1 Pedro 5.

Estar libre de reproches en tu matrimonio significa que eres "el marido de una sola mujer". Estar libre de reproches en tu vida de pensamiento significa que eres "de mente sobria". Estar por encima del reproche en tus acciones significa que estás "autocontrolado". Como podemos ver, este es un atributo que reúne varias cualidades, indicando que el cristiano irreprochable es uno que mantiene todos los rasgos de carácter que Dios recomienda. Por supuesto, ser irreprochable no significa ser perfecto. Pero sí significa vivir en la luz, confesar nuestros pecados y apartarnos de ellos porque nuestro estándar es la perfección (Mateo 5:48).

La mejor manera de seguir un estilo de vida irreprochable es a través de los medios de gracia de Dios: leer la Biblia y aplicarla intencionalmente, orar en privado y con su familia, asistir fielmente a los servicios de culto de su iglesia, participar en las ordenanzas del bautismo y la Cena del Señor, y así sucesivamente. Estos son los canales a través de los cuales Dios envía su gracia santificante. Aparte de ellos, no puedes esperar alcanzar o mantener una vida irreprochable.

AUTOEVALUACIÓN

La evaluación más completa de tu vida vendrá en las siguientes secciones, en la medida que examinamos las cualidades de carácter más precisas que hemos resumido en este primer capítulo. Pero mientras tanto, estas preguntas te ayudarán a considerar si estás viviendo de una manera irreprochable.

- ¿Hay algún pecado en tu vida que te avergonzaría a ti, a tu familia y a tu iglesia local si se hiciera público? ¿Hay alguna parte de tu vida que deliberadamente escondes de los demás?
- ¿Sabes qué pecados eres especialmente propenso a cometer? ¿Tienes medidas en tu vida para protegerte de la

4 Alexander Strauch, Liderazgo Bíblico de Ancianos.

tentación de estos pecados?

- ¿Estás aprovechando los medios de gracia de Dios? ¿Asistes regularmente a la iglesia y participas en la vida de la misma? ¿Tienes momentos de culto privado y familiar?

- ¿Crees que tu vida ahora mismo es agradable a Dios? Cuando no lo es, ¿buscas rápidamente el perdón de Dios y del hombre? ¿Muestras arrepentimiento haciendo cambios significativos?

- Imagina que tus amigos cercanos o la gente de tu iglesia escucharon las acusaciones en contra de tu carácter. ¿La reacción de ellos sería: "Eso es imposible" o "Lo sabía"? ¿Qué dice esta respuesta sobre ti?

PUNTOS DE ORACIÓN

Al comenzar a considerar el carácter cristiano, debemos reconocer que alcanzarlo es posible sólo a través de la gracia de Dios. Dios obra en sus hijos lo que es agradable a sus ojos (Hebreos 13:20-21). Él termina la buena obra que comenzó (Filipenses 1:6). Por lo tanto, debemos comenzar con temor y temblor el camino para ser irreprochables, dependiendo humildemente de aquel que nos capacita para querer y trabajar por su buena voluntad (Filipenses 2:12-13). Por eso debemos orar para obtener estas cualidades, para mantenerlas y para crecer en ellas. Con ese fin, aquí hay algunas formas en las que puedes orar:

- Ruego que todo lo haga con alegría y obediencia, sin murmuraciones ni disputas, para ser inocente e irreprochable, tu hijo sin mancha en medio de una generación desviada y retorcida, en donde resplandezco como una luz en el mundo (Filipenses 2:14-15).

- Oro para que tu Espíritu Santo me ayude a identificar el pecado en mi vida, dondequiera que exista, y a mortificarlo.

- Oro para que mi búsqueda de la santidad esté firmemente arraigada en el evangelio.

- Oro para que camine sin culpa ante ti y ante mi prójimo. Haz que mi conducta coincida con lo que profeso, para que mi vida no muestre ni un rastro de hipocresía.

- Oro para que cuando peque sea rápido en buscar tu perdón y el de aquellos contra los que he pecado.

- Oro para que si alguna vez se presentan cargos contra mi carácter, a tu vista yo sea hallado inocente y sin culpa.

CAPÍTULO 2

Un hombre de una sola mujer (o una mujer de un solo hombre)

A medida que continuamos esta mirada extendida al carácter del cristiano, seguimos explorando cómo las diversas virtudes del ser y actuar de los ancianos es en realidad el llamado de Dios a todos los creyentes. Mientras que los ancianos están destinados a ejemplificar estas características, todos los cristianos deben seguir su ejemplo demostrando estos atributos. Quiero que consideremos si poseemos estas virtudes, y que aprendamos juntos cómo podemos orar para tenerlas en mayor medida.

Nuestro tema en este capítulo es un atributo que Pablo repite tanto en 1 Timoteo 3:2 como en Tito 1:6. La LBLA la traduce como "marido de una sola mujer", una interpretación común y literal del griego sería: "un hombre de una sola mujer". Hay varias maneras de interpretar esta cualidad. ¿Significa que un pastor no debe ser polígamo? ¿Significa que un anciano debe estar casado? ¿Descalifica esto a los pastores que se han divorciado y vuelto a casar? Ninguno de estos puntos llega al fondo del asunto. John MacArthur dice: *"No se trata de estatus, sino del carácter. No es una cuestión de circunstancias; es una cuestión de su virtud. Y el asunto aquí es un hombre que está única y totalmente dedicado a la mujer que es su esposa. Es una cuestión de su carácter. Es un hombre de una sola mujer. Cualquier otra cosa es una descalificación".* [5]

De manera similar, Strauch nos recuerda que el hogar es la primera prueba decisiva de un estilo de vida irreprochable. Él escribe,

En ambas listas de cualidades descritas por Pablo, la virtud "marido de una sola mujer" es puesta inmediatamente después de "irreprochable". Así que, la primera y más importante área en la que un anciano debe estar por encima del reproche es en su vida marital y sexual.... La frase "marido de una sola mujer" es una

5 John MacArthur, The Call to Lead the Church—Elders,, parte 4

declaración positiva que expresa un matrimonio fiel y monógamo. En español diríamos, "sincero y fiel a una mujer" o "un hombre de una sola mujer". [6]

Philip Ryken dice que Pablo "quiere que los líderes de la iglesia sean ejemplos vivientes del matrimonio bíblico: un hombre y una mujer en un pacto de amor para toda la vida". [7]

El anciano calificado modela la integridad sexual que se espera de todos los cristianos. Esto es cierto tanto si el cristiano es casado o soltero, hombre o mujer. Pablo ordena a toda la congregación de Corinto a "huir de la fornicación (también traducida como inmoralidad sexual en NVI)" y les advierte especialmente de la naturaleza destructiva del pecado sexual (1 Corintios 6:18). Escribiendo a la iglesia reunida en Éfeso, Pablo pone el estándar tan alto como para exigir, "Pero que la inmoralidad, y toda impureza o avaricia, ni siquiera se mencionen entre vosotros, como corresponde a los santos" (Efesios 5:3). Pablo es claro: si eres "inmoral o impuro", entonces no tienes "herencia en el reino de Cristo y de Dios" (Efesios 5:5).

Por supuesto que, en todas estas virtudes no podemos ser ejemplo perfectos de su cumplimento. Por eso debemos volver siempre al evangelio de Jesucristo, regresando a su perdón y dependiendo de su poder para la futura santificación. Pablo también dice que aunque algunos en la congregación habían sido una vez "inmorales", contados entre los que no tenían herencia en el reino de Dios, les continúa diciendo: "pero fuisteis lavados, pero fuisteis santificados, pero fuisteis justificados en el nombre del Señor Jesucristo y en el Espíritu de nuestro Dios" (1 Corintios 6:9-11). Les recuerda que su pecado sexual está relacionado con el viejo hombre y sus malos caminos, no con el nuevo hombre y sus caminos justos.

Aun así, debemos tomar en serio el innegable llamado del Nuevo Testamento a la pureza sexual. Es un llamado a la devoción, primero a Dios y luego a un cónyuge dado por Dios. Es un llamado a alejarse del adulterio, para estar seguros. Pero aún más, es una llamada a alejarse de un corazón, ojos y manos errantes. Es una llamada a la pureza y la castidad, al carácter ejemplar y

---

6 Alexander Strauch, Liderazgo Bíblico de Ancianos.

7 Philip Ryken, 1 Timothy: Reformed Expository Commentary.

a la conducta en el matrimonio o en la soltería. Es un llamado para que los casados persigan y disfruten del sexo entre ellos, y es un llamado para que los solteros sometan voluntariamente su sexualidad al propósito de su Dios amoroso.

AUTOEVALUACIÓN

Para reforzar tu lucha contra la inmoralidad sexual y tu batalla por la pureza sexual, te animo a que te evalúes a la luz de preguntas como estas:

- ¿Hay algún pecado sexual que hayas cometido y que necesites confesar? ¿Hay algún pecado que hayas ocultado y que necesites exponer (Salmo 32:3-7)?

- ¿Existen ciertos entornos en los que eres especialmente propenso a caer en pecado sexual? ¿Qué precauciones has tomado para evitar estos entornos? ¿Existen acciones radicales que aún debas tomar (Mateo 5:27-30)?

- ¿Tu matrimonio sirve como ejemplo del diseño y de la idea de Dios para esta institución? ¿Eres fiel a tu cónyuge en tus pensamientos, palabras y acciones? ¿Persigues regularmente la unión sexual con tu cónyuge (1 Corintios 7:3-5)?

- ¿Te permites algún tipo de entretenimiento que degrada el diseño y el propósito de Dios para la sexualidad? ¿O te abstienes voluntariamente de toda maldad y te niegas a tomar este tema a la ligera (1 Tesalonicenses 5:22; Efesios 5:3)?

PUNTOS DE ORACIÓN

Debemos orar para luchar contra la atracción de la inmoralidad sexual. Debemos orar para tener la fuerza necesaria para buscar la pureza según el designio de Dios. Permítanme animarles a orar de esta manera:

- Oro: "¡Escudríñame, oh Dios, y conoce mi corazón;

pruébame y conoce mis inquietudes! Y ve si hay en mí camino malo, y guíame en el camino eterno." (Salmo 139:23-24)

- Oro para que me des el deseo y la sabiduría para proteger mi corazón de todas las formas de inmoralidad sexual. Oro para que sea rápido en confesar y en alejarme de todo pecado sexual conocido. (Considera la posibilidad de orar a través de Proverbios 6:23-35).

- Para los hombres: Ruego que considere a las mujeres mayores como madres y a las más jóvenes como hermanas, con toda pureza (1 Timoteo 5:1-2).

- Para las mujeres: Oro para que considere a los hombres mayores como padres y a los jóvenes como hermanos, con toda pureza (1 Timoteo 5:1-2).

- Oro para que purifiques mi corazón para que el pecado de adulterio, expresado incluso en pensamientos y miradas lujuriosas, pierda todo su poder sobre mí (Mateo 5:27-30).

- Oro para que no me desanime cuando peco. Por favor, déjame consolarme en el conocimiento de que cuando confieso mis pecados, tú eres fiel y justo para perdonar mis pecados y limpiarme de toda maldad (1 Juan 1:9).

CAPÍTULO 3

Disciplinado

Este capítulo reúne un conjunto de tres virtudes que están estrechamente relacionadas entre sí. 1 Timoteo 3:2 (que es paralelo en Tito 1:8) dice que los ancianos deben ser "sobrios, prudentes, de conducta decorosa". ¿Qué significa ser sobrio? ¿Qué significa ser prudente? ¿Y qué implica ser de conducta decorosa? Estamos agrupando estas palabras por el énfasis que ellas hacen en una especie de autodominio que conduce a un buen juicio.

"Sobrio" es una palabra que se refiere principalmente a la mente. El hombre de mente sobria es lúcido y vigilante, libre de excesos y fluctuaciones desenfrenadas en el pensamiento y las ideas. Este rasgo le permite mantenerse alerta para poder protegerse a sí mismo y a los demás de cualquier tipo de peligro espiritual. No es imprudente, sino reflexivo.

Es así como "ser sobrio" se relaciona con la mente, mientras que "ser prudente" se relaciona con las acciones o el comportamiento. El anciano prudente está libre de excesos y fluctuaciones desenfrenadas en su comportamiento. Él voluntariamente somete sus emociones y pasiones al control del Espíritu Santo, y hace juicios sabios y reflexivos. Muestra contención y moderación en todas las áreas de la vida. Thabiti Anyabwile dice que aquellos que exhiben este rasgo son *"sensibles, discretos y sabios".* [8] No viven para el momento, sino que consideran las consecuencias futuras de sus acciones.

Los que son sobrios y prudentes también son "de conducta decorosa". Estas palabras se refieren a un orden general de vida que se basa en el respeto a los demás. Por sus vidas bien ordenadas y su prudencia, demuestran la capacidad de traer armonía y orden a quienes les rodean. Saben cómo tomar decisiones sabias y vivir la clase de sabiduría práctica descrita en el libro de Proverbios. Son personas por las que los demás tienen una gran estima.

Cuando juntamos estas virtudes, vemos a una persona que

---

8 Thabiti Anyabwile, Como Encontrar Ancianos y Diáconos Fieles.

ha dominado su pensamiento y comportamiento para poder hacer juicios sabios. Su propia vida es una muestra de tal sabiduría. Anyabwile resume acertadamente la importancia de este rasgo:

"El ministerio y la iglesia están siempre vigilados por gente tanto de adentro como de afuera, y los enemigos de la iglesia buscan continuamente oportunidades para condenarla y calumniarla. Las congregaciones son ayudadas enormemente a soportar estos ataques cuando sus líderes son de conducta decorosa y son hombres de buen juicio." [9]

Por supuesto, Dios no sólo llama a los ancianos o futuros ancianos a ser "sobrios, prudentes y de conducta decorosa", sino que insta a cada cristiano a seguir estos rasgos. Comencemos con ser sobrios. En Romanos 12:3, Pablo escribe, "Porque en virtud de la gracia que me ha sido dada, digo a cada uno de vosotros que no piense más alto de sí mismo de lo que debe pensar, sino que piense con buen juicio, según la medida de fe que Dios ha distribuido a cada uno.". Después, en 1 Tesalonicenses 5:6, dice: "Por tanto, no durmamos como los demás, sino estemos alerta y seamos sobrios".

En cuanto a la prudencia, Salomón advierte: "Como ciudad invadida y sin murallas es el hombre que no domina su espíritu." (Proverbios 25:28). Pablo incluye la prudencia (dominio propio) en el fruto del Espíritu y advierte que los que no tienen auto control caen presa de las tentaciones de Satanás (Gálatas 5:23; 1 Corintios 7:5). Lo ordena explícitamente a todos los creyentes en Tito 2:2-6. Lo que Alexander Strauch dice de los ancianos es cierto para cada creyente: debe ser *"caracterizado por la prudencia y la autodisciplina en todos los aspectos de la vida, particularmente en sus deseos físicos" (Hechos 24:25; 1 Corintios 7:9, 9:25). Un hombre indisciplinado tiene poca resistencia a la lujuria sexual, a la ira, a la pereza, a un espíritu crítico u otros deseos viles. Es una presa fácil para el diablo".* [10]

En cuanto a la conducta decorosa, Pedro dice: "sino santificad a Cristo como Señor en vuestros corazones, estando siempre preparados para presentar defensa ante todo el que os demande razón de la esperanza que hay en vosotros, pero hacedlo con

---

9 Thabiti Anyabwile, Como Encontrar Ancianos y Diáconos Fieles

10 Alexander Strauch, Liderazgo Bíblico de Ancianos.

mansedumbre y reverencia, teniendo buena conciencia, para que en aquello en que sois calumniados, sean avergonzados los que difaman vuestra buena conducta en Cristo." (1 Pedro 3, 15-16). Pablo escribe: "Pagad a todos lo que debáis: al que impuesto, impuesto; al que tributo, tributo; al que temor, temor; al que honor, honor." (Romanos 13:7).

La Biblia es clara en cuanto a que, aunque estos rasgos deben ser ejemplificados en los ancianos, deben estar presentes en todos los creyentes. El carácter del anciano presenta lo que todos debemos buscar y exhibir.

AUTOEVALUACIÓN

¿Dirían otros que eres "sobrio, prudente y de conducta decorosa"? Te animo a que te evalúes a ti mismo a la luz de estas preguntas:

- Cuando las cosas no salen como quieres o cuando alguien señala un pecado en tu vida, ¿tienes la tendencia a responder con humildad paciente o con ataques de ira? ¿Estarían de acuerdo tu cónyuge, hijos o padres?

- ¿Tienes algún hábito no controlado o no saludable en lo que comes, bebes o en tu entretenimiento? ¿O estás alegremente sometido al Espíritu Santo en todas estas cosas?

- ¿Exhibes consistencia y disciplina en los aspectos espirituales (oración, lectura de la Biblia, participación en la iglesia), relacionales (habla, pureza, amabilidad) y corporales (ejercicio, dieta, moderación) de tu vida?

- ¿Mantienes un horario de actividades? ¿Generalmente llevas a cabo tus tareas con excelencia?

- ¿Tienes confianza en lo que crees, o te dejas llevar fácilmente por nuevos libros, nuevos profesores o nuevas ideas? ¿La gente busca tu consejo cuando no está segura o se enfrenta a una decisión difícil?

PUNTOS DE ORACIÓN

Separados de Cristo, nada podemos hacer (Juan 15:5), por lo que necesitamos su fuerza si queremos crecer en prudencia. Permítanme animarles a orar de esta manera:

- Oro para que me llenes de tu Espíritu, para que la prudencia (dominio propio) reine en mi corazón y en mi vida (Gálatas 5:23).

- Oro para que me ayudes a poner a los demás en primer lugar, para que no piense en mí más de lo que debería. Ayúdame a pensar con un juicio sobrio y apropiado (Filipenses 2:3; Romanos 12:3).

- Oro para que me ayudes a ser lento en la ira, para que pueda controlar mi temperamento (Proverbios 16:32).

- Oro para que otros me pregunten sobre la esperanza que hay dentro de mí, por mi vida alegre y respetable (1 Pedro 3:14-17).

CAPÍTULO 4

Hospitalario

Este capítulo se centra en lo que significa para un anciano, y para todo cristiano, ser hospitalario. También veremos por qué Dios eleva este rasgo a una importancia tan alta.

Pablo le dice a Timoteo que "Un obispo debe ser... hospitalario" (1 Timoteo 3:2) y se hace eco de esto en su carta a Tito (1:8). La palabra griega para "hospitalario" indica un amor por los extraños. En un día en que las posadas públicas eran sucias, peligrosas y desagradables, se esperaba que los cristianos abrieran sus casas a los creyentes mientras estos viajaban o a los predicadores cuando hacían labor misionera. Debían alimentarlos y proporcionarles un lugar seguro para dormir. Ser hospitalario es un término que se amplía naturalmente para incluir diversas formas de hospitalidad, pero indica principalmente la voluntad de invitar a otros a su casa para una estancia corta o prolongada.

¿Por qué hay tanto énfasis en esta virtud? La hospitalidad es una muestra tangible y externa del carácter piadoso. Strauch explica:

"La hospitalidad es una expresión concreta del amor cristiano y la vida familiar. Es una importante virtud bíblica.... Darse a sí mismo al cuidado del pueblo de Dios significa compartir la vida y el hogar con otros. Un hogar abierto es un signo de un corazón abierto y un espíritu de amor, sacrificio y servicio. La falta de hospitalidad es un signo seguro de un cristianismo egoísta, sin vida y sin amor." [11]

Abrir nuestro hogar no es sólo un acto de amor cristiano en sí mismo, sino que también permite más oportunidades para el amor cristiano. La hospitalidad nos permite profundizar en las relaciones, discipular a otros y compartir el evangelio. Crea un contexto natural para modelar el matrimonio, la crianza de los hijos, y una gran cantidad de virtudes cristianas. Así como debemos con nuestras palabras enseñar a otros lo que dice la Biblia, también debemos demostrarlo con nuestras acciones.

11 Alexander Strauch, Liderazgo Bíblico de Ancianos.

Una de las mejores maneras de hacerlo es invitando a la gente a entrar en nuestros hogares y en nuestras vidas.

¿Sólo los ancianos están llamados a compartir sus vidas y sus recursos abriendo sus casas? No, este llamado va a todos los cristianos. En el Antiguo Testamento se pone gran énfasis en el cuidado y la protección del extranjero, pero esta atención a los foráneos se hace aún más explícita en el Nuevo Testamento.

Pedro escribe a todos los cristianos cuando dice: "Sed hospitalarios los unos para con los otros, sin murmuraciones" (1 Pedro 4:9). Pablo le dice a toda la congregación en Roma que deben permanecer "practicando la hospitalidad" (Romanos 12:13). El autor de Hebreos dice: "No os olvidéis de mostrar hospitalidad, porque por ella algunos, sin saberlo, hospedaron ángeles" (Hebreos 13:2). Y Jesús dijo que seríamos juzgados por nuestra hospitalidad, porque cuando amamos y acogemos al necesitado, lo amamos y lo acogemos a Él (Mateo 25:35-40).

Strauch concluye: "Casi nada es más característico del amor cristiano que la hospitalidad. A través del ministerio de la hospitalidad compartimos las cosas que más valoramos: la familia, el hogar, los recursos financieros, la comida, la privacidad y el tiempo. En otras palabras, compartimos nuestras vidas". [12]

AUTOEVALUACIÓN

Debido a nuestra tendencia pecaminosa a la comodidad, y por causa de la incomodidad que a menudo está asociada con la hospitalidad, podemos evitar fácilmente el claro mandato de Dios. Enfréntate a estas preguntas y sé honesto contigo mismo y con Dios:

- ¿A cuánta gente de tu iglesia has invitado a tu casa para comer? ¿Cuándo fue la última vez que alguien se quedó a pasar la noche?
- ¿Los demás acuden a ti cuando necesitan ayuda o das la impresión de que no quieres que te molesten?
- ¿Tu familia es intencional en el recibimiento de otros

12 Alexander Strauch, Liderazgo Bíblico de Ancianos

en tu casa, aunque sean diferentes a ti y te hagan sentir incómodo? ¿Sólo invitas a amigos cercanos a tu casa, o también das la bienvenida a extraños?

- ¿Por qué temes dar la bienvenida a otros en tu vida y en tu hogar? ¿A cuál de las promesas de Dios puedes aferrarte para tener esperanza, paz y seguridad?

PUNTOS DE ORACIÓN

Confía en la verdad de que el Dios de los débiles y los marginados te acoge y pídele ayuda de esta manera:

- Oro para que me llenes de tu Espíritu, para que mi vida dé frutos a través de buenas acciones que beneficien a los demás.
- Ruego que me aferre pero no demasiado a todo lo que me has dado y que sepa que mi casa, mi comida, mi tiempo y todo lo demás te pertenece. Ayúdame a administrarlos fielmente.
- Oro para que me des la compasión de acoger a los demás como me has acogido a mí.
- Oro para que mi motivación en la hospitalidad sea glorificarte mostrando a los demás tu perfecto amor. Por favor, dame una gran alegría y libertad en la hospitalidad.

CAPÍTULO 5

Amable

A medida que continuamos nuestra mirada al carácter del cristiano (el cual debe estar presente en cada creyente y ejemplificado en los pastores o ancianos), nos dirigimos a la maravillosa y a menudo pasada por alto virtud de la amabilidad.

Pablo escribe a Timoteo: "Un obispo debe ser... no pendenciero, sino amable, no contencioso" (1 Timoteo 3:2-3). Del mismo modo, le dice a Tito que un obispo es "no obstinado, no iracundo... no pendenciero" (Tito 1:7). La característica positiva aquí es la amabilidad, y se le oponen las dos características negativas de la violencia y las peleas. Siguiendo el ejemplo del anciano, los cristianos deben perseguir la amabilidad y huir de la brusquedad y las riñas.

Ser amable es ser tierno, humilde y justo, saber qué respuesta es adecuada para cualquier ocasión. Indica gracia, una extensión de la misericordia, y una postura de sumisión a la voluntad de Dios y a las preferencias de los demás. Tal amabilidad debe ser expresada primero en el hogar y luego en la iglesia. Aunque es una virtud rara, la reconocemos y admiramos en aquellos que la poseen.

Strauch señala que perseguir la amabilidad es imitar a Jesús. Él escribe:

"Jesús nos dice que es una persona: manso (amable) y humilde. Demasiados líderes religiosos, sin embargo, no son amables ni humildes. Son controladores y orgullosos. Utilizan a las personas para satisfacer sus gordos egos. Pero Jesús es refrescantemente diferente. Él en verdad ama a la gente, sirviendo sin interés y dando su vida por ellos. Él espera que sus seguidores, especialmente los ancianos que dirigen a su pueblo, sean humildes y mansos como él." [13]

De manera similar, John Piper escribe, *"Esto [la amabilidad] es lo opuesto a ser agresivo o contencioso. No debe ser rígido o*

13 Alexander Strauch, Liderazgo Bíblico de Ancianos.

mezquino. Debe inclinarse a la ternura y recurrir a la dureza sólo cuando las circunstancias recomienden esta forma de amor. Sus palabras no deben ser ácidas o divisivas, sino útiles y alentadoras". [14]

El anciano entonces debe estar "inclinado a la ternura", capaz de controlar su respuesta a los demás cuando es atacado, difamado o se ve inmiscuido en situaciones tensas. Es notable en todo momento por mostrar paciencia, mansedumbre y un espíritu bondadoso.

Definitivamente, no debe perder el control ni física ni verbalmente. Debe dominar su temperamento, no responder a los demás con fuerza física o amenazas de violencia. Debe gobernar su lengua, no pelear, ni discutir, ni buscar ser parte de una disputa. Incluso cuando se le presiona y se le exaspera, no atacará con sus palabras. No aplastará una caña magullada o apagará una mecha ligeramente ardiente.

Estoy seguro que te das cuenta de cómo Dios llama a todos los cristianos, no sólo a los ancianos, a ser amables. Los ancianos deben servir como ejemplos de mansedumbre, pero cada uno de nosotros debe imitarlos, y en última instancia, imitar a nuestro Salvador mostrando esta virtud. Hay muchos textos a los que podemos recurrir, como Gálatas 5:22-23, que nos dice que la mansedumbre es un fruto necesario del Espíritu: "Pero el fruto del Espíritu es amor, gozo, paz, paciencia, benignidad, bondad, fidelidad, mansedumbre, dominio propio; contra tales cosas no hay ley". Poco después Pablo dice: "Hermanos, si alguno es sorprendido en alguna falta, vosotros que sois espirituales, restáurenlo en un espíritu de mansedumbre, mirándote a ti mismo, no sea que tú también seas tentado" (Gálatas 6:1).

Él insta a los cristianos de Éfeso a que "viváis de una manera digna de la vocación con que habéis sido llamados", lo que implica vivir "con toda humildad y mansedumbre, con paciencia, soportándoos unos a otros en amor, esforzándoos por preservar la unidad del Espíritu en el vínculo de la paz" (Efesios 4:1-3). En otra carta, Pablo le dice a Tito que le recuerde a la congregación de Creta "que estén sujetos a los gobernantes, a las autoridades; que sean obedientes, que estén preparados para toda buena obra; que no injurien a nadie, que no sean

14 John Piper, Biblical Eldership Session 1.

contenciosos, sino amables, mostrando toda consideración para con todos los hombres." (Tito 3:1-2). La evidencia es clara: debemos ser amables para poder servir como un reflejo de Aquel que nos trata tan amablemente.

AUTOEVALUACIÓN

Recuerda que al estudiar el carácter de un cristiano, debemos hacer una pausa y reflexionar sobre si estamos aplicando estas virtudes, no sea que nos convirtamos sólo en oyentes de la Palabra. Así que, ¿cómo vas a mostrar la amabilidad? Te animo a que en oración te hagas preguntas como estas:

- Cuando alguien te hace daño, ¿estás propenso a atacar con furia? Si es así, ¿esa ira se expresa de forma física, verbal, o ambas?

- ¿La gente tiene miedo de enfrentar el pecado en tu vida porque temen tu ira o tus palabras cortantes? ¿Tu esposa e hijos te temen de esta manera?

- ¿Dirían tus colegas, amigos y familia que eres amable? ¿Dirían que los tratas con ternura?

- ¿Disfrutas jugando al abogado del diablo? ¿Te gusta una buena discusión? ¿Qué indicaría tu perfil en las redes sociales?

PUNTOS DE ORACIÓN

Sólo podemos obtener la verdadera mansedumbre acudiendo al que es "manso y humilde de corazón" (Mateo 11:29). Así que te animo a orar de esta manera:

- Oro para que me hagas más como Cristo, para que sea tan manso como él. Oro para que regularmente considere todas las formas en que has sido tan paciente y amable conmigo.

- Oro para que me ayudes a mortificar mi orgullo, confesar

mis pecados a los demás y restaurar las relaciones tensas que tengo.

- Oro para que me des la gracia de ser paciente y tranquilo cuando otros me atacan y me malinterpretan. Ayúdame a responder con dulzura incluso en las circunstancias más difíciles.

- Oro para que sea lento en comenzar una discusión o en entrar en la de otra persona.

CAPÍTULO 6

Moderado

Ahora tenemos que explorar lo que significa para los líderes cristianos y para todos los creyentes, ser moderados y sobrios, en lugar de borrachos o libertinos.

Pablo le dice a Timoteo, "Un obispo debe ser... no dado a la bebida" (1 Timoteo 3:2-3). De nuevo, le dice a Tito que los ancianos no pueden ser "acusados de disolución" o "dado a la bebida" (Tito 1:5-7). ¿Por qué esta calificación específica? ¿Qué tiene de importante?

Strauch dice claramente *"La embriaguez es pecado, y la gente persistentemente borracha requiere la disciplina de la iglesia.... Así que una persona en una posición de confianza y autoridad sobre otras personas no puede tener un problema con la bebida".* [15] De nuevo, escribe, *"Si un anciano tiene un problema con la bebida, llevará a la gente por mal camino y traerá deshonra a la iglesia. Su exceso de tolerancia a la bebida interferirá con el crecimiento espiritual y el servicio, y puede conducir a más pecados degradantes."* Vale la pena señalar que la Biblia no culpa de la embriaguez al propio alcohol, sino a quien lo consume.

Comentando 1 Timoteo 3, John Stott señala que Pablo *"no les exigía ser abstemios totales, ya que el propio Jesús convirtió el agua en vino e hizo de este el emblema de su sangre... Lo que Pablo exige, sin embargo, es moderación, como ejemplo del autodominio ya mencionado".* [16]

John Piper amplía las implicaciones del pasaje cuando dice *"El atributo general aquí sería uno por encima de la moderación, más específicamente, alguien con autocontrol, no adicto a nada dañino, debilitante o mundano. La libertad de la esclavitud debe ser tan apreciada que, no se somete a ninguna servidumbre."* [17]

Piper extiende el alcance de este mandato desde el alcohol a cualquier otro tipo de bebida intoxicante o narcótico, una

15 Alexander Strauch, Liderazgo Bíblico de Ancianos.

16 John Stott, The Message of 1 Timothy & Titus: The Bible Speaks Today..

17 John Piper, Rethinking the Governance Structure at Bethlehem Baptist Church.

común y, pienso que justa extensión de este principio.

Como hemos visto para cada una de estas virtudes, Dios requiere que todos los cristianos, no sólo los ancianos, sigan los mismos estándares. Pablo le dice a la iglesia de Corinto que no deben asociarse o comer con "ninguno que, llamándose hermano," sea un "borracho" (1 Corintios 5:11). ¿Por qué? Porque junto con otros pecadores no arrepentidos, los borrachos no "heredarán el reino de Dios" (1 Corintios 6:9-10).

De nuevo, Pablo nombra la embriaguez entre las obras de la carne y dice que "los que practican tales cosas no heredarán el reino de Dios" (Gálatas 5:21). En otro lugar de la Biblia, ordena: "Y no os embriaguéis con vino, en lo cual hay disolución, sino sed llenos del Espíritu" (Efesios 5:18). Pedro está de acuerdo: "Porque el tiempo ya pasado os es suficiente para haber hecho lo que agrada a los gentiles, habiendo andado en sensualidad, lujurias, borracheras..." (1 Pedro 4:3).

Los Proverbios también advierten repetidamente acerca de la embriaguez. "El vino es provocador, la bebida fuerte alborotadora, y cualquiera que con ellos se embriaga no es sabio" (Proverbios 20:1). "No estés con los bebedores de vino, ni con los comilones de carne" (Proverbios 23:20). Considera este pasaje:

¿De quién son los ayes? ¿De quién las tristezas? ¿De quién las contiendas? ¿De quién las quejas? ¿De quién las heridas sin causa? ¿De quién los ojos enrojecidos? De los que se demoran mucho con el vino, de los que van en busca de vinos mezclados. No mires al vino cuando rojea, cuando resplandece en la copa; entra suavemente, pero al final como serpiente muerde, y como víbora pica. Tus ojos verán cosas extrañas, y tu corazón proferirá perversidades. Y serás como el que se acuesta en medio del mar, o como el que se acuesta en lo alto de un mástil. Y dirás: me hirieron, pero no me dolió; me golpearon, pero no lo sentí. Cuando despierte, volveré a buscar más. (Proverbios 23:29-35)

Por último, a grupos específicos de personas también se les dice que estén sobrios. Los diáconos se deben someter a la siguiente norma: "De la misma manera, también los diáconos deben ser... no dados al mucho vino" (1 Timoteo 3:8). Y de nuevo Pablo escribe, "Asimismo, las ancianas deben ser... ni esclavas de mucho vino" (Tito 2:3).

Independientemente de tu opinión personal sobre el alcohol, esto es cierto: El pueblo de Dios debe ser esclavo sólo de Jesucristo (Romanos 6:18). Deben resistir a cualquier adversario, incluyendo el alcohol.

AUTOEVALUACIÓN

Es fácil para nosotros escuchar la palabra de Dios y simplemente olvidarla. Al leer sobre la moderación, podemos empezar a justificar nuestros hábitos y excusar nuestro pecado. Para protegerse del engaño y perseguir el carácter de un cristiano, te animo a hacerte preguntas como estas:

- ¿Tienes una posición bíblicamente informada sobre si los cristianos pueden beber alcohol? ¿Te mantienes en tu posición? ¿Juzgas a aquellos que tienen una posición opuesta a la tuya?

- Si tu conciencia te lo permite, ¿puedes beber alcohol con moderación, sin intoxicarte ni siquiera ligeramente? ¿Estarían tus amigos y tu familia de acuerdo?

- ¿Te sientes tentado a beber demasiado cerca de tu límite? ¿Sucumbes regularmente a la tentación de tomar "sólo un trago más"?

- ¿Hay alguna otra sustancia a la que seas adicto? ¿Buscas en ella la felicidad y la satisfacción que sólo Cristo puede proporcionarte?

PUNTOS DE ORACIÓN

Ya sea que beba regularmente, ocasionalmente o no, todos necesitamos la ayuda de Dios para mantener la moderación y buscar la santidad. Con este fin, te animo a orar así:

- Oro para que mis convicciones sobre el alcohol se profundicen, para que pueda participar (o abstenerme) con libertad y confianza. Ayúdame a no violar nunca mi conciencia, a no juzgar injustamente a los demás y a no hacer alarde de mi libertad.

- Oro para poder disfrutar de tus dones sin convertirme en un esclavo de ellos. Ruego para que me des la victoria sobre toda borrachera e indulgencia. Oro para que me ayudes a no bajar nunca la guardia y estar siempre alerta.

- Oro para que me hagas más parecido a Cristo, quien estaba cerca del alcohol y de los que lo consumían pero nunca se excedió y siempre obedeció al Padre.

CAPÍTULO 7
Generoso

Este capítulo considerará lo que significa para los líderes cristianos, y para todos los creyentes, rechazar el amor al dinero y abrazar el amor por los demás a través de la generosidad.

Pablo le dice a Timoteo, "Un obispo debe ser... no avaricioso" (1 Timoteo 3:2-3). De la misma manera, le dice a Tito que un obispo "debe ser... no amante de ganancias deshonestas" (Tito 1:7). Finalmente, Pedro escribe a los ancianos exiliados: "Pastoread el rebaño de Dios... no por la avaricia del dinero, sino con sincero deseo" (1 Pedro 5:2). Claramente, los autores bíblicos entienden que la forma en la que usamos nuestro dinero muestra algo muy importante acerca de nuestra relación con Dios. También entienden que siempre habrá quienes usen el ministerio para su propio enriquecimiento. Ryken señala que hay dos errores comunes al considerar cómo los líderes cristianos se relacionan con el dinero:

"Es un grave error considerar la riqueza como una credencial para el liderazgo espiritual. Ser rico no descalifica a un hombre para ser anciano, pero tampoco lo califica para ello. Lo que importa es cómo usa su dinero, y especialmente cuánto afecto le tiene. Un obispo no debe ser amante del dinero." [18]

Así, John Piper escribe que el *"estilo de vida de un anciano no debería reflejar el amor al lujo. Debería ser un dador generoso. No debería estar preocupado por su futuro financiero. No debería estar tan orientado al dinero de modo que las decisiones del ministerio giren en torno a este tema."* [19] El hombre debe estar libre tanto del amor al dinero como del amor al estilo de vida extravagante que el dinero puede comprar. Él muestra su libertad del amor al dinero a través de su generosidad.

Strauch explica:

"Esta cualidad prohíbe un interés egoísta básico que utiliza el ministerio cristiano y la gente para beneficio personal... Como una

18 Philip Ryken, 1 Timothy: Reformed Expository Commentary.

19 John Piper, Rethinking the Governance Structure at Bethlehem Baptist Church

droga poderosa, el amor al dinero puede confundir el juicio incluso de los mejores hombres... Es por esto entonces que los ancianos no pueden ser el tipo de hombre que siempre está interesado en el dinero. No pueden ser hombres que necesiten controlar los fondos de la iglesia y que se nieguen a rendir cuentas financieras. Tales hombres han distorsionado los valores espirituales y están dando un mal ejemplo a la iglesia. Inevitablemente caerán en tratos financieros no éticos que deshonrarán públicamente el nombre del Señor." [20]

Y, de hecho, vemos regularmente a hombres caer en el escándalo por esta misma razón. Jesús advirtió: "no podéis servir a Dios y a las riquezas", ya que sólo podemos tener un amo (Mateo 6:24). Es crucial para el bienestar de la iglesia, que sus líderes estén alegremente controlados por la Palabra de Dios, en lugar de ser dominados por el deseo de riqueza.

¿Qué hay de los cristianos que no son ancianos? No es sorprendente que Dios requiera el mismo estándar. Jesús advirtió, "»No os acumuléis tesoros en la tierra, donde la polilla y la herrumbre destruyen, y donde ladrones penetran y roban; sino acumulaos tesoros en el cielo, donde ni la polilla ni la herrumbre destruyen, y donde ladrones no penetran ni roban; porque donde esté tu tesoro, allí estará también tu corazón" (Mateo 6:19-21). En la carta a Timoteo, Pablo advierte sobre el poder del dinero: "Porque nada hemos traído al mundo, así que nada podemos sacar de él. Y si tenemos qué comer y con qué cubrirnos, con eso estaremos contentos. Pero los que quieren enriquecerse caen en tentación y lazo y en muchos deseos necios y dañosos que hunden a los hombres en la ruina y en la perdición. Porque la raíz de todos los males es el amor al dinero, por el cual, codiciándolo algunos, se extraviaron de la fe y se torturaron con muchos dolores" (1 Timoteo 6:7-10). El Antiguo Testamento también contiene varias advertencias como estas. Por ejemplo, uno de los principales temas de la literatura de sabiduría de la Biblia es el peligro de idolatrar el dinero y la riqueza.

Sería un gran error, sin embargo, pensar que Dios sólo tiene cosas negativas que decir sobre el dinero. Más bien, nos dice que el dinero es un gran regalo que podemos administrar fielmente para los propósitos más significativos. "Honra al Señor con tus

20 Alexander Strauch, Liderazgo Bíblico de Ancianos.

bienes y con las primicias de todos tus frutos", dice Salomón (Proverbios 3:9). Cuando David estaba recogiendo las ofrendas para la construcción del templo dice que "el pueblo se alegró porque habían contribuido voluntariamente, porque de todo corazón hicieron su ofrenda al Señor" (1 Crónicas 29:9). Pablo enseña el valor duradero de la generosidad cuando escribe a la iglesia de Corinto: "Que cada uno dé como propuso en su corazón, no de mala gana ni por obligación, porque Dios ama al dador alegre" (2 Corintios 9:7).

Es el deber y el deleite de los cristianos mantener libremente su riqueza y dar generosamente a la obra del Señor. El problema del dinero no es con el dinero en sí, sino con la inclinación egoísta del corazón humano. Pero como Thabiti Anyabwile señala, los cristianos pueden ser cautivados por algo mucho más grande que el dinero: *"Cuando pones tus ojos en ella, ya no está. Porque la riqueza ciertamente se hace alas como águila que vuela hacia los cielos" (Proverbios 23:5). Él nos da mayores placeres en Cristo, quien de hecho es el mayor deleite de todos. Qué privilegio es, por las riquezas de la gracia de Dios, predicar a Cristo, el Cordero, a un mundo lleno de amor al dinero".* [21]

AUTOEVALUACIÓN

Leer sobre el llamado de Dios a la generosidad puede hacernos entregar el dinero por amor a Jesús, o aferrarnos a amarlo más por miedo a perder el lujo. Necesitamos examinarnos para determinar si Dios o el dinero es realmente nuestro amo. Te animo a que reflexiones en oración sobre preguntas como estas:

- ¿Dirían los demás acerca de ti que eres tacaño o generoso? ¿Dirían que amas el dinero o que amas a la gente?

- ¿Cuándo fue la última vez que te negaste un placer material para poder usar ese dinero para bendecir a alguien más?

- ¿Tienes una planeación para tu ofrenda a la iglesia y otras causas dignas?

- ¿Das en secreto para que nadie lo sepa excepto tú y Dios, o

21 Thabiti Anyabwile, Como Encontrar Ancianos y Diáconos Fieles.

das para ser visto por otros (Mateo 6:1-4)?

PUNTOS DE ORACIÓN

Dios ama al dador alegre porque él mismo es un dador alegre. Para parecerte más a nuestro generoso Padre, te animo a orar de esta manera:

- Ruego para que tú, Padre, hagas a Cristo más valioso para mí que cualquier otra cosa, incluyendo el dinero.

- Oro para que me des un corazón generoso que sea rápido para identificar y satisfacer las necesidades de los demás. Ayúdame a acumular con gusto tesoros en el cielo con mayor entusiasmo que los que acumulo aquí en la tierra (Mateo 6:19-24).

- Oro para que me ayudes a confiar en ti en todo momento, especialmente cuando las finanzas están apretadas. Ayúdame a creer que si cuidas de las aves del aire y pones vestido a la hierba del campo, entonces seguramente también me proveerás a mí (Mateo 6:25-34).

- Oro para que yo te adore gustosa y generosamente aportando a tu obra cada domingo.

CAPÍTULO 8

Líderes de familia

Este capítulo tratará sobre la importancia de que los padres, tanto los ancianos como todos los cristianos, guíen a sus familias en el culto a Dios.

Leemos en 1 Timoteo 3:4-5, "[Un anciano] Que gobierne bien su casa, teniendo a sus hijos sujetos con toda dignidad; (pues si un hombre no sabe cómo gobernar su propia casa, ¿cómo podrá cuidar de la iglesia de Dios?)" Pablo también le dice a Tito que un anciano está calificado si sus "hijos creyentes, no (son) acusados de disolución ni de rebeldía" (Tito 1:5-6). Entonces, ¿qué significa eso, y por qué es tan importante?

Simplemente significa que, el liderazgo de un hombre dentro del hogar demuestra su capacidad para guiar en la iglesia. Por el contrario, la incapacidad de liderar en el hogar prueba la insuficiencia para hacerlo en la iglesia. De esta manera, el hogar, en lugar de la oficina o el aula es el campo de prueba de la capacidad de liderazgo de un hombre. ¿Por qué? Como Strauch explica:

"Dirigir la iglesia local es más parecido a guiar una familia que a un negocio o un estado. Un hombre puede ser exitoso en los negocios, un funcionario público capaz, un brillante gerente de oficina, o un líder militar de alto rango, pero ser un terrible padre o anciano en la iglesia. Por lo tanto, la capacidad de un hombre para liderar su hogar es un requisito previo para liderar la casa de Dios." [22]

Entonces, ¿qué significa para un hombre administrar bien su casa? John Piper explica: *"Debería tener hijos sumisos. Esto no significa perfectos, pero sí bien disciplinados, para que no desatiendan descarada y regularmente las instrucciones de sus padres. Los hijos deben reverenciar al padre. Debe ser un líder espiritual amoroso y responsable en el hogar."* [23]

De nuevo, si un hombre no puede dirigir tiernamente y

---

22 Alexander Strauch, Liderazgo Bíblico de Ancianos.

23 John Piper, Rethinking the Governance Structure at Bethlehem Baptist Church.

amar sacrificialmente a su propia familia, no se le debe dar el privilegio y la responsabilidad del liderazgo en la iglesia. Si no puede sobresalir en uno, tampoco lo hará en el otro. Así, si un hombre tiene una familia, cualquier proceso de evaluación de él como candidato a anciano debe implicar una mirada de cerca dentro de su hogar. Thabiti Anyabwile advierte de los *"hombres que podrían estar demasiado preocupados con los asuntos de la iglesia, y muy poco ocupados con lo que pasa bajo su propio techo. Un ejemplo de esto es la apresurada y equivocada amonestación de Eli a Ana mientras ella oraba, a la vez que Eli no toma responsabilidad por sus muchachos descarriados (1 Samuel 1-2). Un anciano se ocupa de los asuntos de su hogar".* [24]

¿Y qué hay del requisito "que tenga hijos creyentes"? Este es un texto difícil que ha sido objeto de mucha discusión, pero estoy fundamentalmente de acuerdo con el hábil manejo del pasaje por parte de Justin Taylor. El señala que la palabra traducida como "creyentes" también puede ser traducida como "fieles". Esta traducción permite que el texto complemente muy bien 1 Timoteo 3:4 con su énfasis en el control, la obediencia y la sumisión. Concluye: *"Lo que no debe caracterizar a los hijos de un anciano es la inmoralidad, y la rebelión indisciplinada si los hijos están todavía en casa y bajo su autoridad".* [25]

Ahora, ¿qué hay de los padres cristianos que no son ancianos? ¿Cómo honramos el texto cuando ampliamos su aplicación? La respuesta es que todos los padres cristianos deben mostrar habilidad y piedad en sus relaciones familiares. Como los ancianos, deben buscar ser ejemplares. Los padres deben guiar y enseñar amorosamente a sus hijos, no provocándolos a ira, sino instruyéndolos en la disciplina del Señor (Efesios 6:4). Las madres deben cuidar a sus hijos con amor, manejando sus hogares con autocontrol y bondad (Tito 2:3-5; 1 Timoteo 5:14). Tanto el padre como la madre están bajo el mandato de Dios hacia Israel: "Y estas palabras que yo te mando hoy, estarán sobre tu corazón; y diligentemente las enseñarás a tus hijos" (Deuteronomio 6:6-7).

Del mismo modo, los Proverbios retratan repetidamente la importancia de disciplinar a tus hijos. "El que escatima la vara odia a su hijo, mas el que lo ama lo disciplina con diligencia"

---

24 Thabiti Anyabwile, Como Encontrar Ancianos y Diáconos Fieles.

25 Justin Taylor, You Asked: Does an Unbelieving Child Disqualify an Elder?

(Proverbios 13:24). Una gran cantidad de pasajes narrativos muestran el peligro de desatender tal cuidado y disciplina. El autor de Hebreos asume la necesidad de disciplinar a sus hijos como una expresión de su amor por ellos. Él pregunta: "¿qué hijo hay a quien su padre no discipline?" (Hebreos 12:7). Su objetivo es animar a los cristianos que están bajo la amorosa mano de Dios, quien "nos disciplina para nuestro bien, para que participemos de Su santidad" (Hebreos 12:10).

De principio a fin, la Biblia pone sobre cada padre la responsabilidad de enseñar y entrenar a sus hijos con una supervisión amable, cuidadosa y amorosa.

AUTOEVALUACIÓN

Hay esperanza para el padre que no ha sabido llevar bien a su familia. Pero antes de que pueda perseguir el estándar de Dios por su gracia, debe reconocer sus defectos y alejarse de cualquier área de pecado. Te reto a reflexionar sobre estas preguntas para ver cómo puedes crecer en tu liderazgo en casa:

- ¿Buscas maneras de mejorar la forma de enseñar y disciplinar a tu familia?

- Cuando tu familia está en público, ¿están tus hijos fuera de control, o generalmente siguen tu ejemplo y responden a tu corrección?

- ¿Puedes hablar del estado espiritual de tus hijos? ¿Conoces el estado de sus almas? ¿Oras por ellos de manera específica?

- Padres, ¿dirigen espiritualmente a sus familias? ¿Son los devocionales familiares parte de tu rutina? Madres, ¿enseñan y entrenan a sus hijos, oran con ellos, los disciplinan con amor?

PUNTOS DE ORACIÓN

Nuestro Padre celestial está ansioso por ayudar a sus hijos que son padres y madres terrenales. Considera la posibilidad de orar de esta manera mientras buscas humilde y audazmente guiar bien a tu familia:

- Oro para que me hagas un líder fiel y paciente en mi casa.
- Ruego que me ayudes a dar amor firme y tierno a mis hijos.
- Oro para mostrar el evangelio de la forma en que amo, dirijo y cuido a mis hijos.
- Oro para tener una comprensión más profunda de Dios como Padre, para poder imitarlo en la forma en que cuido a mis hijos.

CAPÍTULO 9

Madurez y humildad

Aquí consideraremos por qué los ancianos y todos los cristianos deben esforzarse por vivir vidas maduras y humildes.

Pablo le dice a Timoteo, "No un recién convertido, no sea que se envanezca y caiga en la condenación en que cayó el diablo" (1 Timoteo 3:6). En este llamado a la madurez espiritual, aprendemos que los ancianos deben ser maduros por lo menos por dos razones: porque la madurez engendra humildad y, porque la inmadurez engendra orgullo y condenación. Por lo tanto, debemos dar posiciones de responsabilidad sólo a aquellos que son espiritualmente maduros. John Piper escribe: *"El nuevo creyente, al que se le da demasiada responsabilidad muy pronto, puede fácilmente hincharse de orgullo. La implicación es que parte de la sazón cristiana es un proceso de humildad y una creciente protección contra el orgullo. Deberíamos ver evidencias en su vida de que la humildad es una virtud fija y no fácilmente revocable."* [26]

Alexander Strauch dice:

"La madurez requiere tiempo y experiencia para la cual no hay sustituto, por lo que un nuevo converso simplemente no está listo para la ardua tarea de pastorear el rebaño de Dios. No hay nada malo en ser "un nuevo converso". Todos los cristianos comienzan la vida en Cristo como bebés y crecen hasta la madurez. Un anciano, sin embargo, debe ser maduro y conocer su propio corazón. Un nuevo cristiano no conoce su propio corazón ni entiende la astucia del enemigo, por lo que es vulnerable al orgullo, la más sutil de todas las tentaciones y el más destructivo de todos los pecados."

De nuevo, afirma: *"Si los ancianos son humildes, el pueblo será humilde, evitando muchas disputas. Si los ancianos son líderes servidores, la iglesia se caracterizará por un servicio humilde como el de Cristo".* [27] Dios llama a todos los cristianos a la madurez y la humildad, y ese crecimiento se produce mejor en el contexto de un liderazgo maduro y humilde.

---

26 John Piper, Rethinking the Governance Structure at Bethlehem Baptist Church

27 Alexander Strauch, Liderazgo Bíblico de Ancianos

Este llamado a la madurez se da a través de la Palabra de Dios, tanto en los líderes como en todos los cristianos. Lo que los ancianos deben modelar, todos los cristianos deben poseer. El autor de la carta a los Hebreos dice: "Pero el alimento sólido es para los adultos, los cuales por la práctica tienen los sentidos ejercitados para discernir el bien y el mal" (Hebreos 5:14). Él llama a esta congregación a que "dejando las enseñanzas elementales acerca de Cristo, avancemos hacia la madurez" (Hebreos 6:1).

Asimismo, Pablo dice que Dios da pastores y maestros a la iglesia "a fin de capacitar a los santos para la obra del ministerio, para la edificación del cuerpo de Cristo; hasta que todos lleguemos a la unidad de la fe y del conocimiento pleno del Hijo de Dios, a la condición de un hombre maduro, a la medida de la estatura de la plenitud de Cristo" (Efesios 4:12-13). También elogia a Epafras por estar "siempre esforzándose intensamente a favor vuestro en sus oraciones, para que estén firmes, perfectos y completamente seguros en toda la voluntad de Dios" (Colosenses 4:12). Dios espera que sus hijos crezcan en madurez y que esto a su vez les lleve a la humildad.

Por lo tanto, en cierto sentido, este tema de la madurez y la humildad llega al corazón de todo este libro: El Carácter del Cristiano. Todos los cristianos deben seguir el ejemplo de sus líderes esforzándose por parecerse más a Cristo y crecer en madurez espiritual. A medida que crecen en madurez, necesariamente crecerán en humildad.

AUTOEVALUACIÓN

Parte de la madurez espiritual es tener la humildad y el anhelo de rectitud para inspeccionarse a sí mismo. Haciendo preguntas como las que encontrarás a continuación, podemos dar un paso más lejos de la inmadurez y avanzar hacia el llamado de Dios.

- ¿Hay evidencias en tu vida de que estás creciendo "en la gracia y el conocimiento de nuestro Señor y Salvador Jesucristo" (2 Pedro 3:18)?

- En comparación al año pasado, ¿Has madurado espiritualmente? ¿En comparación a hace dos años? ¿Cómo lo sabes?

- ¿Buscas el reconocimiento y la gloria del hombre, o estás contento con ser desconocido, mientras tengas la aprobación de Dios? Muchos cristianos quieren que se les considere como sirvientes, pero no que se les trate como tales. ¿Así eres tú?

- ¿De qué manera dirían tus padres, hijos, cónyuge, jefe y pastores que necesitas crecer?

PUNTOS DE ORACIÓN

La fidelidad de Dios nos mantendrá firmes, incluso cuando nuestro crecimiento sea lento. Anímense a orar de esta manera:

- Ruego, Padre, para que me hagas más parecido a tu Hijo en cada área de mi vida.

- Oro para que expongas los puntos ciegos de mi vida y me des la gracia para apartarme de mi pecado.

- Ruego que aproveche al máximo los medios de gracia, para que a través de ellos pueda parecerme más a Cristo.

- Oro para que me ayudes a perseguir la verdadera grandeza convirtiéndome en un servidor de todos.

CAPÍTULO 10

Respetado por los de afuera

En este capítulo final abordaremos lo que significa para los ancianos, y para todos los cristianos, gozar de buena reputación entre los de afuera. Y, por supuesto, nos preguntaremos por qué es importante.

Pablo instruye a Timoteo que un anciano: "Debe gozar también de una buena reputación entre los de afuera de la iglesia, para que no caiga en descrédito y en el lazo del diablo" (1 Timoteo 3:7). Pablo ya ha dicho que un anciano "debe ser irreprochable" ante todos (1 Timoteo 3:2), por lo que "gozar de buena reputación entre los de afuera" se centra en un grupo específico: los que están fuera de la iglesia. Sí, incluso la posición de un hombre ante el mundo cuenta al evaluar su idoneidad para el liderazgo.

Sobre este punto, John Piper escribe, *"Lo que parece significar es que un líder cristiano debería al menos cumplir con los estándares del mundo en cuanto a decencia y respetabilidad, ya que los estándares de la iglesia deberían ser más altos".* [28] Esto importa, ya que como Pablo ha escrito en otra parte, la gloria de Dios está en juego: "Tú que te jactas de la ley, ¿violando la ley deshonras a Dios? Porque «El nombre de Dios es blasfemado entre los gentiles por causa de vosotros», tal como está escrito". (Romanos 2:23-24).

Entonces, ¿por qué incluir la reputación de un hombre con los de fuera de la iglesia como requisito para ser anciano? Alexander Strauch lo aborda prácticamente: *"Los no cristianos pueden saber más que la iglesia misma, sobre el carácter y la conducta del futuro anciano. A menudo los compañeros de trabajo o familiares no cristianos del posible anciano, tienen más contacto diario con él que la gente de la iglesia"*. También dice:

"Si un pastor-anciano tiene la reputación entre los no creyentes de ser un hombre de negocios deshonesto, mujeriego o adúltero, la

---

28 John Piper, Rethinking the Governance Structure at Bethlehem Baptist Church.

comunidad incrédula tomará especial nota de su hipocresía. Los no cristianos dirán, "¡Él actúa así, y es un anciano de la iglesia! Se reirán de él y lo despreciarán. Se burlarán del pueblo de Dios. Hablarán de él y generarán muchos chismes siniestros. Harán preguntas difíciles y embarazosas. Será desacreditado como líder cristiano y sufrirá vergüenza e insultos. Su influencia para el bien se arruinará y pondrá en peligro la misión evangelizadora de la iglesia. El anciano se convertirá en una carga para la iglesia, no en un activo espiritual." [29]

El evangelio mismo está en juego en la consistencia o hipocresía de sus líderes.

Ahora, ¿qué es exactamente el "lazo del diablo" que tanto preocupa a Pablo? Creo que John Stott llega al meollo del asunto cuando dice, ***"En su malicioso afán de desacreditar el evangelio, el diablo hace lo posible por desacreditar a los ministros del evangelio".*** [30] Si Satanás puede desacreditar a los líderes ante el mundo que los observa, puede desacreditar a la iglesia y su mensaje. Strauch añade:

"El diablo es representado como un astuto cazador (1 Pedro 5:8). Usando la crítica pública y las propias inconsistencias del anciano, el diablo atrapará al cristiano insensato en un pecado más serio: amargura descontrolada, represalias furiosas, mentiras, más hipocresía y terquedad de corazón. Lo que puede comenzar como una pequeña ofensa, es capaz de convertirse en algo mucho más destructivo y malvado. Por lo tanto, un anciano debe tener una buena reputación con los que están fuera de la comunidad cristiana." [31]

¿Qué pasa con los cristianos que no son ancianos? También deben buscar el respeto de las personas que están fuera de la congregación. Por ejemplo, Pablo escribe, "Andad sabiamente para con los de afuera, aprovechando bien el tiempo. Que vuestra conversación sea siempre con gracia, sazonada como con sal, para que sepáis cómo debéis responder a cada persona" (Colosenses 4:5-6). De nuevo, afirma: "Pero os instamos, hermanos... a que tengáis por vuestra ambición el llevar una vida tranquila, y os ocupéis en vuestros propios asuntos y tra-

29 Alexander Strauch, Liderazgo Bíblico de Ancianos.

30 John Stott, The Message of 1 Timothy & Titus: The Bible Speaks Today.

31 Alexander Strauch, Liderazgo Bíblico de Ancianos.

bajéis con vuestras manos, tal como os hemos mandado; a fin de que os conduzcáis honradamente para con los de afuera, y no tengáis necesidad de nada" (1 Tesalonicenses 4:10-12). Los cristianos "resplandecéis como luminares en el mundo" cuando viven "sin tacha en medio de una generación torcida y perversa" (Filipenses 2:15).

De manera similar, Pedro ordena: "Mantened entre los gentiles una conducta irreprochable, a fin de que en aquello que os calumnian como malhechores, ellos, por razón de vuestras buenas obras, al considerarlas, glorifiquen a Dios en el día de la visitación... Porque esta es la voluntad de Dios: que haciendo bien, hagáis enmudecer la ignorancia de los hombres insensatos" (1 Pedro 2:12, 15; ver también 1 Pedro 3:13-17).

Lo que debe ser modelado por los líderes de la iglesia, también debe ser notorio en la vida de todos. Ustedes también tienen la responsabilidad de vivir una vida sin mancha ante el mundo.

AUTOEVALUACIÓN

Los cristianos tienden a considerar, con justa razón, lo que Dios y otros creyentes piensan de ellos. Pero a la luz del mandato de gozar de buena reputación entre los de afuera la iglesia, haremos bien en considerar lo que estos piensan de nosotros, e indagar si estamos igualando y superando los estándares de decencia y respetabilidad del mundo.

- ¿Conoces a tus vecinos? ¿Te conocen lo suficiente como para poder hablar de tu carácter y reputación? ¿Cómo describirían tus vecinos incrédulos a ti y a tu familia?

- ¿Qué clase de reputación tienes entre los no creyentes con los que trabajas? ¿Trabajas duro y evitas la intromisión (1 Tesalonicenses 4:10-12; Efesios 4:28)?

- ¿Qué diría tu familia no creyente que es lo más importante para ti? ¿Dirían que tu vida coincide con lo que profesas?

PUNTOS DE ORACIÓN

Dios es capaz de hacer que abunde la gracia en tu vida, así que te animo a que te unas a mí para orar de esta manera:

- Oro para que mi vida refleje el fruto del Espíritu, de modo que te glorifique y no avergüence tu nombre (Gálatas 5:22-23).

- Oro para que me ayudes a pensar en cómo mis actitudes y acciones afectan a otros, especialmente a los no creyentes.

- Ruego para ser un modelo de trabajo duro y respeto a la autoridad, y para que me ocupe de mis propios asuntos en el lugar de trabajo.

- Oro para ser un modelo de buenas obras en casa, en el trabajo y en mi vecindario, para que haciendo el bien a los demás seas glorificado.

Gracias por acompañarme a través de este libro. Creo que Dios me ha ayudado a crecer en la gracia y el conocimiento de nuestro Señor Jesucristo mientras he ido explorando y aplicando su Palabra. ¡Espero que tú puedas decir lo mismo! Que Dios te ayude y me ayude a vivir una vida ejemplar que muestre el carácter del cristiano.

Más de la Serie

Tim Challies

Sé un ejemplo

Dios quiere que tu vida sea un lienzo, el escenario de una hermosa obra de arte. Y también espera que esta obra de arte sea vista, admirada e imitada.

Envejecer con gracia

Hay pocos anhelos en mi corazón más profundos que este: que Dios me permita vivir una vejez piadosa, con propósito y digna. Quiero que nos animemos a envejecer con gracia, a envejecer sabiamente, a envejecer para la gloria de Dios.

¡Avanza!

Tu adolescencia y tus 20's se aprovecharán al máximo si los conviertes en un tiempo de santificación. Incluso ahora puedes dar pasos firmes para vencer el pecado y abrazar la justicia.

El mandamiento que olvidamos

Todos somos niños, debemos buscar las bendiciones de Dios y debemos dar prominencia a este mandamiento de Dios. Por estas razones, no podemos seguir ignorando el mandamiento olvidado.

Otras publicaciones de
Monte Alto Editorial

¿Qué es la Teología Bíblica?

Por James Hamilton Jr.

La Biblia cuenta una sola historia, una que comenzó en la creación, abarca nuestras vidas hoy, y continuará hasta el regreso de Cristo y más allá. ¿Qué es la teología bíblica? introduce a los lectores a esta narración, ayudándonos a entender la visión del mundo de los escritores bíblicos para que podamos leer el Antiguo y el Nuevo Testamento como esos autores pretendían.

Principios de Conducta

Por John Murray

Clásico teológico moderno, los Principios de Conducta de John Murray muestran claramente la unidad orgánica y la continuidad de la ética bíblica. Murray aborda aquí las cuestiones éticas relacionadas con temas como el matrimonio, el trabajo, la pena capital, la veracidad, las enseñanzas de Jesús en el Sermón del Monte, la ley y la gracia, y el temor de Dios.

Otras publicaciones de
Monte Alto Editorial

Teología Bíblica en la vida de la Iglesia

Por Michael Lawrence

Lawrence utiliza las tres herramientas para construir una teología bíblica, contando toda la historia de la Biblia desde cinco ángulos diferentes. Pone la teología bíblica a trabajar en cuatro áreas: consejería, misiones, cuidado de los pobres y relaciones iglesia/estado. Rico en aplicaciones y en conocimientos prácticos, este libro equipará a los pastores y líderes de la iglesia para pensar, predicar y hacer ministerio a través del marco de la teología bíblica.

Próximas
Publicaciones

www.ingramcontent.com/pod-product-compliance
Ingram Content Group UK Ltd.
Pitfield, Milton Keynes, MK11 3LW, UK
UKHW022007190726
13853UKWH00004B/1782